Inhalt

Nachhaltige Geldanlage - Fukushima sorgt für steigendes Interesse

Kernthesen

Beitrag

Fallbeispiele

Weiterführende Literatur

Impressum

Nachhaltige Geldanlage - Fukushima sorgt für steigendes Interesse

J.Kessler

Kernthesen

- Die Atomkatastrophe von Fukushima hat das Interesse an nachhaltiger Kapitalanlage neu entfacht.
- In Deutschland gibt es etwa zehn Banken mit nachhaltiger Ausrichtung.
- Nach wie vor handelt es sich bei ökologischen Finanzprodukten um eine Nische.
- In punkto Rendite können sie durchaus mit konventionellen Angeboten mithalten.
- Die Produktvielfalt im Bereich der nachhaltigen Geldanlage ist inzwischen

sehr hoch.

Beitrag

Fukushima weckt Interesse an nachhaltiger Kapitalanlage

Die Havarie im japanischen Atomkraftwerk Fukushima hat an den Kapitalmärkten das Interesse an nachhaltiger Geldanlage wieder aufleben lassen. Der Öko-Dax der Deutschen Börse, der Deutschlands führende Neue-Energie-Firmen bündelt, notierte nach der Katastrophe um etwa 15 Prozent höher als davor. Doch das Interesse an nachhaltiger Kapitalanlage ist nicht neu. Ein Meilenstein war die Einführung des Dow Jones Sustainability World Index (DJSI) im Jahr 1999. Allerdings war man an den Märkten lange Zeit der Meinung, dass mehr Nachhaltigkeit zu Lasten der Rendite geht. Diese Vermutung hat sich aber nicht bestätigt. Bei der Rendite schnitten so manche Umweltindizes in den vergangenen Jahren besser ab als der Dax - allerdings weisen diese in der Regel auch eine höhere Schwankungsbreite auf. Grund dafür ist das begrenzte Anlagespektrum ökologischer Anlageformen. (1), (3)

Breites Spektrum an Produkten und Indizes

Umweltbewusste Anleger können inzwischen auf ein breites Spektrum an ökologischen Finanzprodukten zugreifen: Fonds, Aktien, Anleihen und Genussscheine mit ökologischem Schwerpunkt gibt es reichlich. Problematisch ist allerdings, dass es kein allgemein anerkanntes Gütesiegel für ethische, ökologische und soziale Auswahlkriterien gibt. Orientierungshilfe bieten da Nachhaltigkeitsindizes wie der Dow Jones Sustainability Index, der FTSE4GOOD Index, der Natur-Aktien-Index (NAI), der Global Challenges Index oder der Ökodax der Deutschen Börse. Die Indizes legen unterschiedliche Kriterien bei der Firmenauswahl an. So bündelt der Öko-Dax Deutschlands führende Neue-Energie-Firmen. Der NAI hingegen umfasst weltweit 30 Firmen, die als Öko-Vorreiter gelten, darunter die deutschen Solarhersteller Solarworld und Solarmillennium. (3), (10)

Drei Ansätze nachhaltiger Kapitalanlage

In punkto ökologischer Kapitalanlage lassen sich drei verschiedene Ansätze unterscheiden. Erstens gibt es

Branchenfonds, die überwiegend in Aktien aus den Bereichen Alternative Energien, Wasser, Recycling und Ökostrom investieren. Weil das Anlagespektrum hier recht klein ist, sind die Risiken hoch. Ein größeres Sektrum bieten Fonds, die mit Ausschlusskriterien arbeiten. Bei diesen werden lediglich "problematische" Unternehmen ausgeschlossen, beispielsweise Tabak-, Alkohol-, Rüstungs- und Erotikfirmen. Noch breiter ist das Anlagespektrum bei dem Best-in-class-Ansatz. Bei diesem wird das ökologisch beste Unternehmen einer Branche ausgewählt, grundsätzlich sind aber Investitionen in alle Branchen möglich. Das verringert zwar das Risiko, andererseits können dadurch aber auch Autokonzerne und Ölgesellschaften im Portfolio auftauchen. (3), (10)

Ökobanken sind Nischenanbieter

Inzwischen gibt es in Deutschland etwa zehn Banken, die ihre Geschäftspolitik ausschließlich an ethisch-ökologischen Kriterien ausrichten. Dazu zählen die Umweltbank, die GLS Bank und die Steyler Bank. Die Institute finanzieren nicht nur ökologisch oder sozial ausgerichtete Projekte, sondern bieten auch gängige Bankprodukte wie ein Girokonto, einen Sparplan oder einen Kreditvertrag an. Selbst eine grüne Riester-Rente gibt es schon. Die Rendite ist oft nicht schlechter als bei herkömmlichen Produkten. Im Vergleich zu den großen Geldhäusern sind die Ökobanken aber noch recht klein, auch wenn der Marktanteil wächst. In den Jahren 2008 und 2009 konnten die Ökobanken rund 30 000 neue Kunden gewinnen. (1), (11)

Trends

Die Reaktorkatastrophe im japanischen Fukushima könnte der Auftakt zu einem großen Umdenken in der globalen Energiepolitik sein - weg von der Kernkraft und hin zu erneuerbaren, sauberen und ungefährlichen Energiequellen. Für Investoren eröffnet das Chancen, insbesondere bei der Wind- und Solarenergie. Ein Nachteil der neuen Energieträger ist aber, dass sie anfangs nicht rentabel sind. Deswegen ist es für die weitere Entwicklung ökologischer Finanzprodukte wichtig, dass die erneuerbaren Energien weiter gefördert werden. Nach OECD-Prognosen könnten die Subventionen für die sauberen Energieträger weltweit deutlich zunehmen: von 57 Milliarden Dollar im Jahr 2009 auf 205 Milliarden Dollar im Jahr 2035. Entsprechend erwartet die OECD, dass sich die Nachfrage nach erneuerbaren Energien bis 2035 verdreifacht. (2)

Für ökologisch orientierte Anleger könnten nicht nur Unternehmen aus dem Bereich erneuerbare Energien interessant werden, sondern auch Firmen, die das Thema Energie- und Ressourceneffizienz in den Vordergrund stellen. Dabei geht es unter anderem um die Bereiche Beleuchtung, Isolierungen, Klimaanlagen, Videokonferenzen, Leichtmaterialien und Energiemanagementsysteme. Zahlreiche alternative Fonds haben mittlerweile auch Unternehmen aus dem Bereich Energieeffizienz im Portfolio. Diese helfen auch, das Risiko zu streuen. (2)

Seit dem Ausbruch der Finanzkrise ist das Volumen nachhaltig angelegten Geldes im deutschsprachigen Raum um 67 Prozent auf 38 Milliarden Euro gestiegen. Allein in Deutschland werden 13 Milliarden Euro in Öko-Investments angelegt. Gleichwohl sind grüne Geldanlagen nach wie vor Nischenprodukte, sie machen kaum ein Prozent des in Deutschland angelegten Geldes aus. (11)

Aus Sicht der Forschung sind ökologische Investments kein neues Thema: Seit etwa bereits fünf Jahren beobachtet Christoph Kaserer, Professor für Finanzmanagement und Kapitalmärkte an der TU München, dass bei bestimmten Kapitalanlegern das Thema Nachhaltigkeit immer größere Bedeutung gewinnt. (7)

Fallbeispiele

Ein auf ökologische Kapitalanlagen spezialisierter Finanzvertrieb ist die versiko AG. Das Unternehmen hat über 50 000 Kunden bundesweit. Das Fondsvolumen in der "ÖkoWorld"-Palette lag Ende 2009 bei 538 Millionen Euro. Aktuell befindet sich das Unternehmen wieder im Aufwind. 2010 fuhr man einen Jahresüberschuss nach Steuern von fast drei Millionen Euro ein, nach einem Verlust von 3,2 Millionen Euro im Jahr zuvor. Die Gesamtleistung betrug 11,3 Millionen Euro, nach 9,5 Millionen 2009. Ein Grund für die Entwicklung ist der Abbau der kostenintensiven Filialstruktur zugunsten des Zentralvertriebs. (4), (8)

Mit der MehrWert GmbH aus Bamberg ist ein weiteres Unternehmen auf den Markt gekommen, das sich an nachhaltig denkende Geldanleger wendet. Die zehn Anlageberater der MehrWert GmbH sitzen regional verteilt und haben Mandanten in ganz Deutschland. (5)

Für die in Deutschland und Österreich tätige Steyler Bank war 2010 erneut ein erfolgreiches Jahr. Das verwaltete Kundenvermögen erhöhte sich um 6,3 Prozent auf 350,4 Millionen Euro. Die Zahl der Konten überstieg erstmals die Grenze von 20 000. Das Institut hat eine Bilanzsumme von 291,5 Millionen Euro. Den Trend zu nachhaltigen Geldanlagen verspürte die Bank auch im Wertpapiergeschäft. Hier verzeichneten die zertifizierten Ethik-Anlageberater der Bank ein Plus von 19,8 Prozent auf 79,7 Millionen Euro. Die Bank baut die Vermögens- und Finanzberatung seit einem Jahr aus. (6)

Ein weiteres auf Nachhaltigkeit setzendes Institut ist die GLS-Bank: Diese finanziert ausschließlich ökologisch sinnvolle Projekte und Unternehmen. 86,7 Millionen Euro beträgt das Eigenkapital des Instituts, das sich aus Genossenschaftsanteilen und stillen Beteiligungen zusammensetzt. Im Jahr 2010 stieg die Kundenzahl von 73 000 auf 91 000. Das Geschäftsvolumen kletterte um 37 Prozent auf 2,4 Milliarden Euro. In Stuttgart unterstützt die GLS beispielsweise die Eröffnung eines Biosupermarktes mit einem Kredit von 165 000 Euro sowie ein gemeinschaftliches Wohn-und-Kultur-Projekt. (7)

Auch die traditionellen Banken finanzieren zunehmend ökologische Projekte. So geben die Stadtwerke München und die Stadtsparkasse nun den "M-Ökosparbrief" heraus. Das ist im Prinzip ein klassischer Sparkassenbrief. Das Geld, das die Sparkasse darüber einnimmt, erhalten die Stadtwerke als Kredit zur Finanzierung ihrer Ausbauoffensive für erneuerbare Energien. In vier Projekte soll das Kapital fließen: in die Erneuerung des Wasserkraftwerks Isar 1 in Thalkirchen, in das Maxwerk am Auer Mühlbach, in die Geothermiebohrung in Sauerlach und in den Windpark Global Tech 1 in der Nordsee. Mit einem Volumen von 20 Millionen Euro rechnet

Stadtsparkassen-Chef Harald Strötgen aus dem Angebot. (7)

Weiterführende Literatur

(1) Gutes Gewissen bei Geldanlage
aus Rhein-Zeitung vom 06.04.2011, Seite 10

(2) Grüne Alternativen zur Kernkraft Japanische Reaktorkatastrophe könnte erneuerbaren Energien den Weg ebnen
aus Börsen-Zeitung, 25.03.2011, Nummer 59, Seite 2

(3) Atomrendite, nein danke!
aus Süddeutsche Zeitung, 01.04.2011, Ausgabe München, Bayern, Deutschland, S. 24

(4) versiko profitiert von Erneuerbaren-Energien-Welle
aus Süddeutsche Zeitung, 01.04.2011, Ausgabe München, Bayern, Deutschland, S. 24

(5) Neue MehrWert GmbH startet mit nachhaltiger Anlageberatung
aus AssCompact Nr. 03 vom 04.03.2011 Seite 108

(6) Steyler Bank: Soziales Engagement zahlt sich aus / Ethisches Geldgeschäft wächst in 2010 / Erstmals über 20.000 Konten / 2,52 Mio. EUR für internationale Hilfsprojekte
aus news aktuell, 2011-04-05

(7) Vom Winde verzinst
aus Süddeutsche Zeitung, 26.03.2011, Ausgabe
München City, München West, München Süd,
München Nord, Wolfratshausen, Starnberg, Freising,
Fürstenfeldbruck, Erding, Ebersberg, Dachau, S. R4

(8) versiko AG erzielt 2010 positives Ergebnis
aus AssCompact Nr. 04 vom 04.04.2011 Seite 054

(9) GLS Bank profitiert vom Trend zum Umdenken
aus Stuttgarter Zeitung, 16.02.2011, S. 12

(10) Ökologisch investieren für die Ewigkeit
aus Frankfurter Allgemeine Sonntagszeitung,
26.12.2010, Nr. 51, S. 41

(11) Ökobanken-Boom nach Japan Anleger wollen
nicht mehr in Atomenergie investieren
aus Nassauische Neue Presse vom 04.04.2011, Seite 1

Impressum

Nachhaltige Geldanlage - Fukushima sorgt für steigendes Interesse

Bibliografische Information der deutschen Nationalbibliothek

Die Deutsche Nationalbibliothek verzeichnet diese Publikation in der deutschen Nationalbibliografie; detaillierte bibliografische Daten sind im Internet über http://dnb.d-nb.de abrufbar.

ISBN: 978-3-7379-0630-2

© 2015 GBI-Genios Deutsche Wirtschaftsdatenbank GmbH, Freischützstraße 96, 81927 München, www.genios.de

Alle Rechte vorbehalten. Dieses Werk ist einschließlich aller seiner Teile – z.B. Texte, Tabellen und Grafiken - urheberrechtlich geschützt. Jede Verwertung außerhalb der Grenzen des Urheberrechtsgesetzes bedarf der vorherigen Zustimmung des Verlags. Dies gilt insbesondere auch für auszugsweise Nachdrucke, fotomechanische

Vervielfältigungen (Fotokopie/Mikroskopie), Übersetzungen, Auswertungen durch Datenbanken oder ähnliche Einrichtungen und die Einspeicherung und Verarbeitung in elektronischen Systemen.